DE LA VIE HEUREUSE

DE VITA BEATA

58 ap. JC

Traduction : J. BAILLARD

Sénèque : Oeuvres complètes

DE LA VIE HEUREUSE
DE VITA BEATA
58 ap. JC

Traduction : Joseph Baillard

Table des matières

Présentation

Sénèque tente de définir le bonheur et le moyen d'y parvenir : la nature est raison, et le genre humain doit utiliser les pouvoirs de la raison afin de vivre en harmonie avec elle ; c'est ainsi qu'il est possible d'atteindre le bonheur. Pour le philosophe, être heureux c'est ressembler à la nature. [281]

I.

Vivre heureux, mon frère Gallion, voilà ce que veulent tous les hommes : quant à bien voir ce qui fait le bonheur, quel nuage sur leurs yeux ! Et il est si difficile d'atteindre à la vie heureuse, qu'une fois la route perdue, on s'éloigne d'autant plus du but qu'on le poursuit plus vivement ; toute marche en sens contraire ne fait par sa rapidité même qu'accroître l'éloignement. Il faut donc, avant tout, déterminer où nous devons tendre, puis bien examiner quelle voie peut y conduire avec le plus de célérité. Nous sentirons, sur la route même, pourvu que ce soit la bonne, combien chaque jour nous aurons gagné et de combien nous approcherons de ce but vers lequel nous pousse un désir naturel. Mais tant qu'on marche à l'aventure, sans suivre de guide que les vagues rumeurs et les clameurs contradictoires qui nous appellent sûr mille points opposés, la vie se consume en vains écarts, cette vie déjà si courte, quand on donnerait les jours et les nuits à l'étude de la sagesse. Déterminons donc bien où et par où nous devons aller, non sans quelque habile conducteur qui ait exploré les lieux que nous avons à traverser. Ce voyage est tout autre que les voyages ordinaires où un sentier bien choisi, les gens du pays qu'on interroge empêchent qu'on ne s'égare ; ici le chemin le plus battu, le plus fréquenté est celui qui trompe le mieux. Ainsi, par-dessus tout, gardons-nous de suivre en stupide bétail la tête du troupeau, et de nous diriger où l'on va plutôt qu'où l'on doit aller. Or il n'est rien qui nous jette en d'inextricables misères comme de nous régler sur le bruit public, regardant comme le mieux ce que la foule applaudit et adopte, ce dont où voit le plus d'exemples, et vivant non pas d'après la raison, mais d'après autrui. De là ce vaste entassement d'hommes qui se renversent les uns sur les autres. Comme en une déroute générale où, les masses se refoulant sur elles-mêmes, nul ne tombe sans faire choir quelque autre avec lui ; les premiers entraînent la perte de ceux qui suivent ; de même dans tous les rangs de la vie nul ne s'égare pour soi seul : on est la cause, on est l'auteur de l'égarement des autres. Car il n'est pas bon de s'attacher à ceux qui marchent devant ; et comme chacun aime mieux croire que juger, de même au sujet de la vie jamais on ne juge, on croit toujours [282] : ainsi nous joue et nous précipite l'erreur transmise de main en main, et l'on périt victime de l'exemple. Nous serons guéris à condition de nous séparer de la foule ; car tel est le peuple : il tient ferme contre la raison, il défend le mal qui le tue. Aussi arrive-t-il ce qui a lieu dans les comices où, les préteurs à peine élus, les électeurs même s'étonnent de leur choix, quand la mobile faveur a fait volte-face [283] . On approuve et on blâme tour à tour les mêmes choses, telle est l'issue de tout jugement où la majorité décide.

II.

Quand c'est de la vie heureuse qu'il s'agit, ne va pas, comme lorsqu'on se partage pour aller aux voix, me répondre : « Ce côté-ci paraît le plus nombreux. » Par là même il est le moins sage. L'humanité n'est pas tellement favorisée que le meilleur parti plaise au plus grand nombre : le pire se reconnaît à la foule qui le suit [284] . Cherchons ce qu'il y a de mieux à faire, non ce qui est le plus habituel, ce qui met en possession d'une félicité stable, non ce qu'approuve le vulgaire, le plus sot interprète de la vérité ; et j'entends par vulgaire aussi bien le chœur en chlamydes que les porteurs de couronnes [285] . Car ce n'est pas à la couleur du vêtement dont le corps s'enveloppe que s'arrêtent mes yeux ; je ne juge pas l'homme sur leur témoignage : j'ai un flambeau meilleur et plus sûr pour démêler le faux du vrai. Le mérite de l'âme, c'est à l'âme à le trouver. Oh ! si jamais il lui était loisible de respirer et de se retirer en elle-même et de s'imposer une torture salutaire, comme elle se confesserait la vérité et s'écrierait : « Tout ce que j'ai fait jusqu'ici, j'aimerais mieux ne l'avoir point fait ; quand je me rappelle tout ce que j'ai dit, je porte envie aux êtres muets, tous les vœux que j'ai formés sont à mes yeux des imprécations d'ennemis ; tout ce que j'ai craint, ô dieux ! m'eût valu mieux mille fois que ce que j'ai désiré ! J'ai eu des inimitiés avec bien des hommes ; puis de la guerre je suis revenu à la paix, s'il est une paix possible entre méchants, et je n'ai pu encore rentrer en grâce avec moi-même. Je me suis consumé en efforts pour me tirer des rangs du vulgaire, pour me signaler par quelque mérite : qu'ai-je obtenu, que de m'exposer aux traits de la malveillance, que d'indiquer où l'on me pouvait mordre ? » Ces hommes que tu vois préconiser l'éloquence, courtiser la fortune, adorer le crédit, exalter le pouvoir, sont tous des ennemis ou, ce qui revient au même, peuvent le devenir. Tout ce grand nombre d'admirateurs n'est qu'un grand nombre d'envieux.

III.

Pourquoi ne pas chercher plutôt un bien qui profite, qui se sente, non un bien de parade ? Ces choses qui font spectacle, qui arrêtent la foule, que l'on se montre avec ébahissement, brillantes à l'extérieur, ne sont au fond que misères. Je veux un bonheur qui ne soit pas pour les yeux, je le veux substantiel, partout identique à lui-même, et que la partie la plus cachée en soit la plus belle ; voilà le trésor à exhumer. Il n'est pas loin ; on peut le trouver : il ne faut que savoir où porter la main. Mais nous passons à côté, comme dans les ténèbres, nous heurtant même contre l'objet désiré [286].

Pour ne pas te tramer par des circuits sans fin, j'omettrai les doctrines étrangères, qu'il serait trop long d'énumérer et de combattre. Voici la nôtre à nous ; et quand je dis la nôtre, ce n'est pas que je m'enchaîne à un chef quelconque de l'école stoïcienne : j'ai droit aussi de parler pour mon compte. Ainsi je serai de l'opinion de tel, j'exigerai que tel autre divise la sienne : et peut-être, appelé moi-même le dernier, sans improuver en rien les préopinants, je dirai : « Voici ce que j'ajoute à leur avis. » Du reste, d'après le grand principe de tous les Stoïciens, c'est la nature que je prétends suivre

: ne pas s'en écarter, se former sur sa loi et sur son exemple, voilà la sagesse. La vie heureuse est donc une vie conforme à la nature ; mais nul ne saurait l'obtenir, s'il n'a préalablement l'âme saine et en possession constante de son état sain ; si cette âme n'est énergique et ardente, belle de ses mérites, patiente, propre à toute circonstance, prenant soin du corps et de ce qui le concerne, sans anxiété toutefois, ne négligeant pas les choses qui font le matériel de la vie, sans s'éblouir d'aucune, et usant des dons de la Fortune, sans en être l'esclave. On comprend, quand je ne le dirais pas, que l'homme devient à jamais tranquille et libre, quand il s'est affranchi de tout ce qui nous irrite ou nous terrifie. Car en place des voluptés, de toute chose étroite et fragile qui flétrit l'homme en le perdant, succède une satisfaction sans bornes, inébranlable, toujours égale ; alors l'âme est en paix, en harmonie avec elle-même, et réunit la grandeur à la bonté. Toute cruauté en effet vient de faiblesse [287] .

IV.

On peut définir encore autrement le bonheur tel que nous l'entendons, c'est-à-dire formuler le même sens, en changeant les termes. Tout comme la même armée tantôt se développe au large, tantôt se masse sur un terrain étroit, ou se courbe au centre en forme de croissant, ou déploie de front toute sa ligne, sans perdre de sa force quelle que soit sa distribution, sans changer d'esprit ni de drapeau ; ainsi la définition du souverain bien peut s'allonger et s'étendre, selon les goûts divers, comme se resserrer et se réduire. Ce sera donc tout un si je dis : « Le souverain bien, c'est une âme qui dédaigne toute chose fortuite, et qui fait sa joie de la vertu ; » ou bien : « C'est l'invincible énergie d'une âme éclairée sur les choses de la vie, calme dans l'action, toute bienveillante et du commerce le plus obligeant. » Je suis libre de dire encore : « Celui-là est heureux pour lequel il n'est de bien ou de mal qu'une âme bonne ou dépravée ; qui cultive l'honnête, et, content de sa seule vertu, ne se laisse ni enfler ni abattre par les événements ; qui ne connaît pas de plus grandes délices que celles qu'il puise, dans son cœur, et pour qui la vraie volupté est le mépris des voluptés [288] . » Tu peux, en te donnant carrière, faire prendre au même fonds diverses formes, tu n'altéreras ni ne modifieras sa valeur. Par exemple qui nous empêche d'appeler le bonheur une âme libre, élevée, intrépide et constante, placée en dehors de la crainte, en dehors de toute cupidité, aux yeux de laquelle l'unique bien est l'honnête, l'unique mal l'infamie, et tout le reste un vil amas d'objets qui n'ôtent rien à la vie heureuse, n'y ajoutent rien et, sans accroître ou diminuer le souverain bien, peuvent arriver ou s'en aller ? L'homme établi sur une telle base aura, ne le cherchât-il point, pour compagnes nécessaires une perpétuelle sérénité, une satisfaction profonde comme la source dont elle sort, heureux de ses propres biens et ne souhaitant rien de plus grand que ce qu'il trouve en soi. Ne sera-ce point compenser dignement les sensations émoussées, frivoles, si peu persévérantes d'une méprisable chair ? Le jour où le plaisir deviendrait son maître, la douleur le serait aussi.

V.

Or tu vois quel misérable et funeste esclavage devra subir l'homme que le plaisir et la douleur, les plus capricieux despotes et les plus passionnés, vont se disputer tour à tour. Élançons-nous donc vers la liberté que rien ne donne, hormis l'indifférence pour la Fortune. Alors, commencera ce bonheur inappréciable, ce calme d'un esprit retiré en un asile sûr d'où il domine tout ; alors plus de terreurs ; la possession du vrai nous remplira d'une joie immense, inaltérable, et de sentiments affectueux et expansifs que nous savourerons moins comme des biens, que comme les fruits d'un bien qui est en nous. Puisque j'ai déjà prodigué les définitions, disons qu'on peut appeler heureux celui qui ne désire ni ne craint plus, grâce à la raison. Tout comme les rochers n'éprouvent ni nos craintes ni nos tristesses, non plus que les animaux, sans que pourtant on les ait jamais dits heureux, puisqu'ils n'ont pas le sentiment du bonheur ; il faut mettre sur la même ligne tout homme qu'une nature émoussée et l'ignorance de soi relèguent au rang des troupeaux et des brutes, dont rien ne le distingue. Car si la raison chez ceux-ci est nulle, celui-là en a une dépravée qui n'est habile qu'à le perdre et à pervertir toutes ses voies. Le titre d'heureux n'est pas fait pour l'homme jeté hors de la vérité ; partant, la vie heureuse est celle dont un jugement droit et sûr fait la base et la base immuable. Il n'est d'esprit serein et dégagé de toute affliction que celui qui, échappant aux plaies déchirantes comme aux moindres égratignures, reste à jamais ferme où il s'est placé, certain de garder son assiette en dépit des colères et des assauts de la Fortune. Quant à la volupté, dût-elle nous assiéger de toutes parts, s'insinuer par tous nos sens, flatter notre âme de ses mille caresses successivement renouvelées, et solliciter ainsi tout notre être et chacun de nos organes, quel mortel, si peu qu'il lui restât de l'homme, voudrait être chatouillé nuit et jour, et renoncer à son âme pour ne plus songer qu'à son corps ?

VI.

« Mais l'âme aussi, dit l'épicurien, aura ses voluptés. » Qu'elle les ait donc, qu'elle [289] siège en arbitre de la mollesse et des plaisirs, saturée de tout ce qui délecte les sens ; qu'elle porte encore ses regards en arrière et s'exalte au souvenir des débauches passées, qu'elle dévore en espoir et déjà dispose celles où elle aspire, et tandis que le corps s'engraisse et dort dans le présent, qu'elle anticipe l'avenir par la pensée. Elle ne m'en paraît que plus misérable : car laisser le bien pour le mal est une haute folie. Sans la raison point de bonheur ; et la raison n'est point chez l'homme qui néglige les meilleurs aliments et n'a faim que de poisons. Pour être heureux il faut donc un jugement sain ; il faut que, content du présent quel qu'il soit, on sache aimer ce que l'on a ; il faut que la raison nous fasse trouver du charme dans toute situation. Ils ont senti, ceux-là même qui disent : « Le souverain bien c'est la volupté, » dans quelle place infime ils le mettent. Aussi nient-ils que la volupté puisse être détachée de la vertu ; selon eux, point de vie honnête qui ne soit en même temps agréable, point de vie agréable qui ne soit en même temps honnête. Je ne vois pas comment des choses si diverses se laisseraient accoupler ainsi. Pourquoi, je vous prie, la volupté ne saurait-elle être séparée de la vertu ? C'est qu'apparemment, comme tout bien tire de la vertu son principe, vous faites naître aussi de la même souche vos amours et vos ambitions. Ah ! si cette parenté était vraie, nous ne verrions pas certaines choses être agréables, mais déshonnêtes, et certaines autres, des plus honorables, mais pénibles, mais douloureuses à accomplir.

VII.

Ajoute ici que la volupté peut être le partage de la vie même la plus infâme ; et la vertu n'admet pas une telle vie. Que de malheureux avec leur volupté, ou plutôt par la volupté même ! Cela n'arriverait pas, si elle ne faisait qu'un avec la vertu, qui en est souvent privée, mais qui jamais n'en a besoin. Pourquoi allier des objets dissemblables, disons plus qui se repoussent ? La vertu est quelque chose de grand, de sublime, de souverain, d'invincible, d'infatigable ; la volupté est chose basse, servile, impuissante, caduque, qui a son poste et son domicile aux lupanars et aux tavernes. La vertu, tu la trouveras dans le temple, au forum, au sénat, debout sur les remparts, le corps poudreux, le teint hâlé, les mains calleuses ; la volupté le plus souvent va cherchant le mystère et appelle les ténèbres ; elle rôde autour des bains, des étuves, des lieux qui redoutent l'édile, efféminée, sans vigueur, ruisselante de vins et de parfums, pâle ou fardée et souillée des drogues de la toilette. Le souverain bien est impérissable ; il ne sort pas du cœur où il règne, il n'a ni satiété ni repentir. Car une conscience droite ne dévie jamais, n'est jamais odieuse à elle-même, n'a rien changé à ses principes, parce qu'elle a toujours suivi les meilleurs. La volupté au contraire, c'est au fort même de ses délices qu'elle s'éteint. Elle trouve en l'homme peu de place, aussi l'emplit-elle bien vite ; puis vient le dégoût, et après les premiers élans elle s'affaisse. Y aurait-il jamais fixité dans une chose dont l'essence est le mouvement ? Aussi ne peut-elle même avoir la moindre réalité, elle qui vient et passe comme l'éclair [290] , qui s'évanouira dans l'usage d'elle-même. Car elle arrive là pour cesser ; dès qu'elle commence, elle vise à n'être plus [291] .

VIII.

Enfin, tout comme les bons, les méchants ont leur volupté. L'homme flétri ne jouit pas moins de sa honte que l'honnête homme de sa belle conduite. C'est pourquoi les anciens nous prescrivent d'adopter la meilleure, non la plus agréable vie, afin que la volonté, droite et bonne, ait le plaisir non pour guide, mais pour compagnon. La nature en effet est le guide qu'il faut suivre ; c'est elle qu'observe, elle que consulte la raison. C'est donc une même chose que vivre heureux et vivre selon la nature. Or voici en quoi cela consiste : à jouir de nos facultés physiques et de ce qui est fait, pour elles, en usufruitier vigilant mais sans peur, comme de choses prêtées pour un jour et fugitives, à ne pas subir leur servitude, ni nous laisser posséder par ce qui ne vient point de nous, à mettre les aises du corps et les avantages fortuits au rang que tiennent dans les camps les auxiliaires et les troupes légèrement armées. Que tout cela serve et ne commande point ; à ce titre seulement l'âme en tirera profit. Que l'homme de cœur soit incorruptible aux choses du dehors, invincible, admirateur seulement de son être, ayant foi dans son âme, préparé à l'une et à l'autre fortune, artisan de sa vie. Que l'assurance chez lui n'aille pas sans la science, ni la science sans la fermeté ; que ses résolutions tiennent une fois prises, et que dans ses décrets il ne se glisse pas de rature. On conçoit, sans que je l'ajoute, quelle paix, quelle concordance régnera dans un tel esprit, et que tous ses actes seront empreints d'une dignité bienveillante. Chez lui la véritable raison sera greffée sur les sens et y prendra ses éléments ; car il n'a pas d'autre point d'appui pour faire effort ou prendre son élan vers le vrai, puis se replier sur lui-même. Le monde céleste aussi, qui embrasse tout, et ce Dieu qui régit l'univers, malgré leur tendance vers le dehors, rentrent néanmoins de toutes parts dans le grand tout et en eux-mêmes. Qu'ainsi fasse l'esprit humain : lorsqu'en suivant les sens dont il dispose, il se sera porté par eux à l'extérieur, qu'il soit maître d'eux et de lui-même et enchaîne près de lui en quelque sorte le souverain bien. De là sortiront cette unité de force, cette puissance homogène et cette raison sûre qui ne se partage et n'hésite pas plus sur ce qu'elle juge ou peut saisir, que sur ses convictions. Quand elle a mis cet ordre, ce plein accord entre toutes ses parties, quand elle s'est, pour ainsi dire, harmoniée, le souverain bien est conquis. Il ne reste plus de fausse voie, de passage où l'on glisse, où l'on se heurte, où l'on chancelle. Tout se fait par sa libre autorité, rien n'arrive contre son attente ; chacun de ses actes tourne à bien et s'exécute avec cette facilité prompte et cette allure qui ne tergiversent jamais. La lenteur, l'incertitude trahissent la lutte et l'inconsistance des pensées. Gui, prononce-le hardiment : le souverain bien c'est l'harmonie de l'âme, car les vertus doivent être où se trouvent l'accord et l'unité : le désaccord est le propre des vices.

IX.

« Mais toi aussi, me dira-t-on, tu ne cultives la vertu qu'en vue d'une jouissance quelconque que tu en espères. » D'abord, si la vertu doit procurer le plaisir, il ne s'ensuit pas que ce soit pour cela qu'on la cherche ; ce n'est pas le plaisir seul qu'elle apporte, mais elle l'apporte en plus : et sans y travailler, ses efforts, quoique ayant un autre bût, arrivent en outre à celui-là. Comme en un champ labouré pour la moisson quelques fleurs naissent par intervalles, bien que ce ne soit pas pour de minces bluets, qui pourtant réjouissent les yeux, qu'on a dépensé tant de travail ; l'objet du semeur était autre : la fleur est venue par surcroît ; de même le plaisir n'est ni le salaire, ni le mobile de la vertu, il en est l'accessoire ; ce n'est pas parce qu'elle donne du plaisir qu'on l'aime ; c'est parce qu'on l'aime qu'elle donne du plaisir. Le souverain bien est dans le jugement même et la disposition d'un esprit excellent ; quand celui-ci a rempli le cercle de son développement et s'est retranché dans ses limites propres, le souverain bien est complet, il ne veut rien de plus. Car il n'y a rien en dehors du tout, non plus qu'au-delà du dernier terme. Tu te méprends donc quand tu demandes pour quel motif j'aspire à la vertu, c'est chercher quelque chose au-dessus du sommet des choses. Ce que je cherche dans la vertu ? Elle-même : elle n'a rien de meilleur, elle est [292] à elle-même son salaire. Trouves-tu que ce soit trop peu ? Si je te dis : le souverain bien, c ' est une inflexible rigidité de principes, c'est une prévoyance judicieuse, c'est la sagesse, l'indépendance, l'harmonie, la dignité, exigeras-tu encore un plus haut attribut, pour y rattacher tous ceux-ci ? Que me parles-tu de plaisir ? Je cherche le bonheur de l'homme, non de l'estomac, qui chez le bœuf ou la bête féroce a plus de capacité.

X.

« Tu feins, reprend l'adversaire, de ne pas entendre ce que je dis ; car moi, je nie que la vie puisse être agréable, si elle n'est en même temps honnête, condition aussi peu faite pour la brute que pour l'homme qui mesure son bonheur à ses aliments. Oui, c'est clairement et devant tous que je l'atteste : cette vie, que j'appelle agréable, n'est possible qu'en compagnie de la vertu. » Eh ! qui ne le sait ? Ceux qui regorgent le plus de vos plaisirs, ce sont toujours les plus insensés des hommes. Le bien-être abonde chez l'iniquité ; et que de jouissances dépravées et sans nombre l'âme elle-même ne se crée-t-elle pas ? D'abord l'arrogance, l'excessive estime de soi, cette enflure de cœur qui nous place au-dessus des autres mortels, l'amour aveugle et imprévoyant de ce que l'on possède, la mollesse énervante, ces transports de joie pour les plus minces, les plus puérils motifs, puis cet esprit moqueur et superbe qui jouit à vous humilier, et l'apathie, l'affaissement du moral qui s'endort sur sa propre lâcheté. Toutes folies que la vertu fait disparaître ; elle nous réveille de son brusque toucher, pèse les plaisirs avant de les admettre, et prise pas bien haut ceux même qu'elle approuve (c'est assez qu'elle les admette), heureuse non d'en user, mais d'en user avec tempérance : or la tempérance, qui retranche aux plaisirs, ébrèche ton souverain bien. Tu te jettes dans les bras du plaisir, moi je le tiens à distance ; tu l'épuisés, moi je le goûte ; tu y vois le bien suprême, il n'est pas même un bien pour moi ; tu fais tout pour lui, et moi rien. Quand je dis moi, je parle du sage pour qui seul, selon toi, la volupté est faite.

XI.

Mais je n'appelle point sage l'esclave de quoi que ce soit, et moins que tous l'esclave de la volupté. Comment, une fois dominé par elle, résistera-t-il à la fatigue, aux périls, à l'indigence, à tant de menaces qui grondent autour de la vie humaine ? Comment soutiendra-t-il l'aspect de la mort, l'aspect de la douleur, le fracas d'un ciel en courroux, et une foule d'attaques acharnées, lui qu'un si mol adversaire a vaincu ? Tout ce que lui aura conseillé la volupté, il le fera. Eh ! ne vois-tu pas que de choses elle lui conseillera ? « Elle ne saurait, dis-tu, l'engager à rien de honteux : elle a la vertu pour compagne. » Mais, encore une fois, vois quel souverain bien c'est que celui qui a besoin de surveillant pour être un bien. D'ailleurs, comment la vertu régira-t-elle cette volupté qu'elle aura suivie ? Suivre c'est obéir ; pour régir il faut être maître. Tu mets en arrière ce qui commande. Le digne emploi pour la vertu : tu fais d'elle le prégustateur de tes plaisirs ! Nous verrons plus tard si, chez des hommes qui l'ont si outrageusement traité ; elle est encore la vertu, elle qui ne peut garder son nom dès qu'elle perd son rang ; en attendant, et c'est là le point, je te ferai voir nombre d'hommes assiégés de voluptés, sur qui la fortune a versé toutes ses grâces, et que tu seras, forcé d'avouer méchants. Vois un Nomentanus, un Apicius recherchant à grands frais, comme ils les appellent, les biens de la terre et de l'onde, et passant en revue sur leur table les animaux de tous les pays. Vois-les du haut d'un lit de roses [293] contempler l'orgie qu'ils ordonnent, charmer leurs oreilles par le son des voix, leurs yeux par des spectacles, leurs palais par d'exquises saveurs. La moelleuse et douce pression des coussins investit tout leur corps ; et pour que leurs narines même prennent part à la fête, des parfums variés embaument jusqu'aux salles où sont offerts à la mollesse des repas qu'on peut dire funèbres [294] . Ces gens-là nagent dans les délices, vas-tu dire ; mais elles ne tournent pas à bien pour eux : ce n'est pas le vrai bien qui fait leur joie.

XII.

« Si mal leur arrive, réplique-t-on, c'est qu'il survient beaucoup d'incidents qui bouleversent l'âme ; c'est que l'esprit est en proie à un flux et reflux de sentiments qui se combattent. » Cela est vrai, je vous l'accorde ; mais ces esprits égarés, capricieux et sous le coup du repentir, n'en perçoivent pas moins de vives voluptés ; aussi faut-il avouer que s'ils sont loin alors de tout malaise, ils ne le sont pas moins de la sagesse ; que, pour la plupart, leur joie est une folie délirante et leur rire un rire de furieux [295] . Tout au contraire les plaisirs du sage sont modérés, discrets, presque languissants, tout intérieurs et à peine, sensibles au dehors ; car ce n'est point à sa sollicitation qu'ils viennent, et, bien qu'ils se présentent d'eux-mêmes, il ne leur fait point fête, il les accueille et les goûte : sans aucun transport. Il les mêle à la vie comme un intermède st un jeu pour égayer le sérieux du drame. Que l'on cesse donc d'allier ce qui ne va point ensemble et d'accoler la vertu à la volupté. Faux assemblage qui flatte les penchants les plus dissolus. Tel homme noyé dans les plaisirs, qui toujours rampe dans sa crapule, sachant qu'il suit la volupté, croit aussi suivre la vertu. Il entend dire eh effet qu'elles sont inséparables, puis sur ses vices il écrit *sagesse* et affiche ce qu'il devrait cacher à tous les yeux. Ainsi ce n'est pas Épicure qui pousse ces hommes à la débauche ; ce sont eux qui, livrés à tous les excès, cachent leurs goûts dépravés dans le sein de la philosophie et volent en foule aux lieux où ils apprennent qu'on vante le plaisir. Cette volupté d'Épicure, telle que vraiment je la conçois, ils n'apprécient pas combien [296] elle est réservée et sobre : c'est au nom seul qu'ils accourent, cherchant pour leurs désordres une autorité quelconque et un voile. Seul bien de l'homme vicieux, la honte du vice les abandonne [297] : ils louent ce dont ils rougissaient, ils se font gloire de leur corruption ; et se relever de sa chute est impossible à cette jeunesse qui décore d'un titre honorable ses turpitudes et sa lâcheté.

XIII.

Voilà ce qui rend cette apologie du plaisir pernicieuse : les préceptes honnêtes se cachent au fond de la doctrine, la séduction est à la surface. Oui, et telle est à moi ma pensée, je le dis en dépit de ceux des nôtres qui courtisent la foule, la morale d'Épicure [298] est vertueuse, irréprochable ; à l'examiner de près, elle est même austère. Ce qu'il appelle volupté se réduit à quelque chose d'assez étroit, d'assez maigre ; la loi que nous imposons à la vertu, il l'imposé au plaisir. Il le veut soumis à la nature ; or c'est bien peu pour la mollesse que ce qui suffit à la nature. D'où vient donc le mal ? De ce que ceux qui mettent le bonheur dans une oisiveté nonchalante, dans les jouissances alternatives de la table et des femmes, cherchent pour une mauvaise cause un patron respectable. Ils s'en viennent, attirés par un nom qui séduit ; ils suivent, non la volupté qu'il enseigne, mais celles qu'ils lui apportent ; croyant voir dans leurs passions les préceptes du maître, ils s'y abandonnent sans réserve et sans feinte, et la débauche enfin court tête levée. Je ne dis donc pas, comme presque tous les nôtres : « La secte d'Épicure est une école de scandale ; » mais je dis :

« Elle a mauvais renom ; on la diffame sans qu'elle le mérite. » Qui peut bien connaître le temple, s'il n'est admis dans l'intérieur ? Le fronton seul donne lieu aux faux bruits et invite à une coupable espérance. Il y a là comme qui dirait un héros en habit de femme. Tu gardes les lois de la pudeur, et la vérité t'est sacrée ; ta personne ne se prête à aucune souillure, mais tu as à la main le tambour de Cybèle. Choisis donc un honnête drapeau et une devise qui par elle-même excite les âmes à repousser des vices dont l'approche seule nous amollit. Quiconque passe au camp de la vertu est présumé un noble caractère ; qui s'enrôle sous la volupté est aux yeux de tous dépourvu de ressort et d'énergie, déchu de la dignité d'homme, voué à de honteux excès, si on ne lui montre à faire la distinction des plaisirs, s'il ne sait pas lesquels se renferment dans les besoins de la nature, lesquels se précipitent et n'ont plus de bornes, d'autant plus insatiables qu'on les rassasie davantage. Eh bien donc : que la vertu marche la première, tous nos pas seront assurés. L'excès du plaisir est nuisible ; dans la vertu pas d'excès à craindre : car elle est par elle-même la modération. Ce n'est pas un bien qu'une chose qui souffre de son propre accroissement.

XIV.

Homme, tu as en partage une nature raisonnable : quel meilleur guide te proposer que la raison ? Et si l'on veut marier la vertu à la volupté, et n'aller au bonheur qu'ayant toutes les deux pour compagnes, que la vertu précède et que l'autre suive, comme l'ombre suit le corps. Faire de la vertu, de ce qu'il y a de plus relevé au monde, la servante de la volupté, c'est l'œuvre d'un esprit incapable, de toute idée grande. Que la vertu aille en tête, qu'elle porte l'étendard ; nous n'en aurons pas moins la volupté, mais nous en serons maîtres et modérateurs ; nous céderons quelque chose à ses prières et rien à ses ordres. Celui au contraire qui donne le pas à la volupté n'obtient ni l'une ni l'autre : il laissé échapper la vertu, et encore, loin de posséder les plaisirs, les plaisirs le possèdent ; ou leur absence le torture, ou leur excès le suffoque ; malheureux s'ils le délaissent, plus malheureux s'ils l'assiègent enfouie. Comme le navigateur, surpris dans la mer des Syrtes, tantôt il demeure à sec, tantôt la vague le roule et l'emporte au loin. Tel est l'effet d'une intempérance excessive et d'un aveugle amour des richesses ; car à qui prend un but mauvais pour un bon il est dangereux de réussir. C'est avec fatigue et péril que nous chassons les bêtes féroces ; leur capture même ne donne qu'une possession inquiète : souvent en effet elles ont mis leurs maîtres en pièces. De même quiconque a de grandes voluptés sous la main se trouve n'avoir pris que des monstres ; il est la proie de ses captifs. Plus ceux-ci sont forts et nombreux, plus il devient chétif esclave, et plus il a de maîtres, lui que le vulgaire appelle heureux. Polir suivre jusqu'au bout la similitude l'homme qui fouille les retraites du gibier, qui met une si grande importance

.... A lui tendre ses rets ;

Qui de sa meute ardente investit les forêts [299] ,

celui-là, pour relancer des animaux, abandonne de plus utiles soins, et renonce à une foule de devoirs ; ainsi le sectateur du plaisir lui sacrifie tout, ne tient nul compte du premier des biens, la liberté, qu'il aliène aux plus vils penchants : il se vend au plaisir, quand il pense l'acheter.

XV.

« Cependant, qui empêche que la vertu et le plaisir ne se confondent, et ne réalisent le souverain bien de telle sorte que l'honnête et l'agréable soient une même chose ? » C'est que l'honnête seul peut faire partie de l'honnête, et que le souverain bien n'aurait pas toute sa pureté s'il voyait en soi quelque alliage de moindre prix. La joie même qui naît de la vertu, quoique étant un bien, ne fait point partie du bien absolu ; non plus que le calme et la sérénité, quelque beaux qu'en soient les motifs. Car ces choses ne sont des biens que comme conséquences du bien suprême, non comme compléments. Mais quiconque associe la vertu et le plaisir, sans même leur faire part égale, émousse par la fragilité de l'un tout ce que l'autre a de vigueur ; cette liberté, qui n'est invincible qu'autant qu'elle ne voit rien de plus précieux qu'elle-même, il la met sous le joug. Car, et quelle plus grande servitude ? il a déjà besoin de la Fortune ; de là une vie d'anxiété, de soupçons, d'alarmes, il redoute les événements, il est suspendu à leurs moindres chances.

Ce n'est pas là donner à la vertu un fondement fixe et inébranlable : c'est la vouloir ferme sur un point mobile. Quoi de plus mobile en effet que l'attente des choses fortuites, que les révolutions du corps et des objets qui l'affectent ? Comment peut-il obéir à Dieu, prendre en bonne part tout ce qui arrive, ne pas se plaindre du destin, et expliquer favorablement ses disgrâces, l'homme qu'agitent tout entier les plus légères pointes de la douleur ou du plaisir ? On n'est pas même bon pour défendre ou venger sa patrie, ni pour soutenir ses amis, quand le cœur penche aux voluptés. Que le souverain bien s'élève donc à une hauteur d'où nulle violence ne l'arrache, où, n'abordé ni la douleur, ni l'espérance, ni la crainte, ni rien qui porte atteinte à son sublime privilège. Or une telle hauteur n'est accessible qu'à la seule vertu ; ces âpres sentiers ne seront gravis que par elle : elle s'y tiendra ferme et souffrira tous les accidents de la montée avec patience, de grand cœur même : elle saura que toute difficulté des temps est une loi de la nature. De même qu'un brave soldat supportera ses blessures, comptera fièrement ses cicatrices, et tout percé de traits et mourant bénira le général pour qui il succombe, elle aura ; gravé dans son âme cet antique précepte : Suis *Dieu* . Le lâche qui se plaint, qui pleure, qui gémit, n'en est pas moins forcé d'exécuter ce qu'on ordonne et violemment ramené au devoir. Or quelle démence de se faire traîner plutôt que de suivre ! Non moindre, en vérité, est la sottise de ces gens, oublieux de leur condition, qui s'affligent s'il leur arrive quelque chose de pénible, qui s'étonnent, qui s'indignent à l'une de ces disgrâces communes aux bons et aux méchants, je veux dire les maladies, les morts, les infirmités et les mille traverses auxquelles la vie de l'homme est en butte. Tout ce que la constitution de l'univers nous impose de, souffrances, acceptons-le intrépidement [300] . On nous enrôla sous serment pour subir toute épreuve humaine, pour ne point nous laisser bouleverser par les choses qu'il n'est pas en nous d'éviter. Nous sommes nés dans une monarchie : obéir à Dieu, voilà notre liberté [301] .

XVI.

C'est donc dans la vertu que réside le vrai bonheur. Et que te conseillera-t-elle ? De ne pas regarder comme biens ou comme maux ce qui n'est l'effet ni de la vertu, ni de la méchanceté ; puis, d'être inébranlable à tout mal qui viendrait d'un bien, et de te rendre, en ce qui dépend de toi, l'image de la divinité. Pour une telle entreprise que te promet-on ? Un privilège immense, égal à celui de Dieu même. Plus de contrainte, plus de privation ; te voilà libre et inviolable ; plus de perte à subir, plus de vaine tentative, plus d'obstacles. Tout succède selon tes vœux ; tu ne connais plus de revers ; rien ne contrarie tes prévisions ni tes volontés. « Eh quoi ! la vertu suffirait pour vivre heureux ? » Parfaite et divine qu'elle est, pourquoi n'y suffirait-elle pas ? Elle a même plus qu'il ne faut. Que peut-il manquer en effet à un être placé en dehors de toute convoitise ? Qu'a-t-elle affaire de l'extérieur, l'âme qui rassemble tout en elle ? Quant à l'homme qui chemine vers la vertu, quels que soient déjà ses progrès, il a besoin de quelque indulgence de la Fortune, lui qui lutte encore dans l'embarras des choses-humaines, tant qu'il n'a pas délié ce nœud et rompu tout lien mortel. Où donc est la différence ? C'est que les uns sont attachés, les autres enchaînés, d'autres n'ont pas un membre qui soit libre. L'homme qui touche à la région supérieure, qui a gravi plus près du faîte, ne traîne après lui qu'une chaîne lâche ; sans qu'il soit libre encore, il est déjà bien près de l'être.

XVII.

Or maintenant [302] , qu'un de ces hommes qui vont clabaudant contre la philosophie me dise, selon l'usage : « Pourquoi donc ton langage est-il plus brave que ta conduite ? Pourquoi baisses-tu le ton devant un supérieur ? Pourquoi regardes-tu l'argent comme un meuble qui t'est nécessaire, et te montres-tu sensible à une perte ? Et ces larmes quand on t'annonce la mort de ta femme ou d'un ami ? D'où vient que tu tiens à l'opinion, que les malins discours te blessent, que tu as une campagne plus élégante que le besoin ne l'exige, et que tes repas ne sont point selon tes préceptes ? A quoi bon ce brillant mobilier, cette table où tu fais boire des vins plus âgés que toi, cette [303] maison richement ordonnée, ces plantations qui ne doivent produire que de l'ombre ? D'où vient que ta femme porte à ses oreilles le revenu d'une opulente famille ; que tes jeunes esclaves sont habillés d'étoffes précieuses ; que chez toi servir à table est un art ; qu'on y voit l'argenterie non placée au hasard et à volonté, mais savamment symétrisée ? [304] Que fais-tu d'un maître en l'art de découper ? » Qu'on ajoute, si l'on veut : «

Pourquoi possèdes-tu au-delà des mers, et as-tu des biens que tu n'as jamais vus ? Honte à lui, si insoucieux, que de tous tes esclaves tu n'en connais pas même quelques-uns, ou assez fastueux pour en avoir plus que ta mémoire n'en pourrait connaître ! » J'aiderai tout à l'heure à ces reproches et m'en ferai plus que l'agresseur ne pense : ici je répondrai seulement : Je ne suis pas un sage, et pour donner pâture à ta jalousie, je ne le serai jamais. Ce que j'exige de moi, c'est d'être, sinon l'égal des plus vertueux, du moins meilleur que les méchants ; il me suffit de me défaire chaque jour de quelque vice et de gourmander mes erreurs. Je ne suis point parvenu à la santé, je n'y parviendrai même pas : ce sont des lénitifs plutôt que devrais remèdes que j'élabore pour ma goutte, heureux si ses accès deviennent plus rares, si je sens moins ses mille aiguillons. A comparer mes jambes aux vôtres, quel faible coureur je suis ! [305]

XVIII.

Encore n'est-ce pas pour moi que je dis cela, pour moi qui suis plongé dans l'abîme de tous les vices ; c'est pour quiconque a quelque progrès à montrer. « Autre est mon langage, autre ma conduite ! » Hommes pétris de malignité et ennemis des plus pures vertus, on a fait même reproche à Platon, on l'a fait à Épicure, on l'a fait à Zénon. Tous ces philosophes en effet ne nous entretenaient pas de leur vie à eux, mais de celle qu'il faut se proposer. C'est de la vertu, non de moi que je parle ; et quand je fais la guerre aux vices, je la fais ayant tout aux miens ; quand j'en aurai le pouvoir, je vivrai comme je le dois. Et la malveillance aura beau tremper, à loisir ses traits dans le fiel, elle ne me détournera pas du mieux ; ce venin que vous distillez sur les autres, et qui vous tue, ne m'empêchera pas d'applaudir sans relâche à des principes que je ne suis pas sans doute, mais que je sais qu'il faudrait suivre, ne m'empêchera pas d'adorer la vertu et, bien qu'à un long intervalle, d'aller me traînant sur sa trace. J'attendrai, n'est-ce pas, que cette malveillance apprenne à respecter quelque chose, quand rien ne fut sacré pour elle, ni Rutilius, ni Caton ? Comment aussi ne leur paraîtrait-on pas trop riche, à ceux qui ne jugent pas Démétrius le Cynique assez pauvre ? Cet homme si énergique, qui lutta contre tous les désirs naturels, plus pauvre que tous ceux de son école, puisqu'à la loi qu'ils s'imposaient de ne rien avoir, il a joint celle de ne rien demander, n'est point, selon eux, assez dénué de tout. Car, voyez-vous, ce n'est pas la doctrine de la vertu, c'est la doctrine de l'indigence qu'il professait !

XIX.

Diodore, philosophe épicurien qui, ces jours derniers, mit volontairement fin à son existence, n'agit pas, dit-on, suivant les préceptes du maître en se coupant la gorge. Les uns veulent qu'on voie là un acte de folie ; et les autres, d'irréflexion. Lui, cependant, heureux et fort d'une bonne conscience, se rendait témoignage en sortant de la vie et bénissait le calme de cette vie passée dans le port et à l'ancre. Il disait, (et pourquoi murmuriez-vous de l'entendre, comme s'il vous fallait l'imiter ?) il disait :

J'ai vécu, j'ai rempli toute ma destinée [306] .

Vous disputez sur la vie de tel, sur la mort de tel autre, et vous aboyez aux grands noms qu'ennoblit un mérite quelconque, comme font de petits chiens à la rencontre de personnes qu'ils ne connaissent pas. Il vous importe en effet que nul ne passe pour homme de bien : il semble que la vertu d'autrui soit la censure de vos méfaits [307] . Vous êtes blessés de ce pur éclat auquel vous opposez vos souillures, sans comprendre combien tant d'audace tourne à votre détriment. Car si les suivants de la vertu sont cupides, débauchés, ambitieux, qu'êtes-vous donc, vous à qui le nom seul de vertu est odieux ? Vous soutenez que pas un ne réalise ce qu'il dit et ne conforme sa vie à ses maximes. Quoi d'étonnant, quand leurs paroles sont si héroïques, si sublimes, dominent de si haut toutes les tempêtes de la vie humaine ; quand ils ne visent pas à moins qu'à s'arracher de ces croix où tous, tant que vous êtes, enfoncez de vos mains les clous qui vous déchirent ? Le supplicié du moins n'est suspendu qu'à un seul poteau ; ceux qui se font bourreaux d'eux-mêmes subissent autant de croix que de passions qui les tiraillent : médisants toutefois, c'est à insulter autrui qu'ils ont bonne grâce. Je pourrais n'y voir qu'un passe-temps, n'était que certains hommes crachent de leur gibet sur ceux qui les regardent.

XX.

Les philosophes ne réalisent pas tout ce qu'ils disent ? mais ils font déjà beaucoup par cela seul qu'ils disent, et parce qu'ils conçoivent l'idée du beau moral. Eh ! si leurs actes étaient au niveau de leurs discours, quelle félicité surpasserait la leur ? Jusque-là il n'y a pas lieu de mépriser de bonnes paroles et des cœurs pleins de bonnes pensées. L'application aux études salutaires, restât-t-elle en deçà du bat, est louable encore. Est-ce merveille qu'on n'arrive pas au faîte quand on s'attaque à de si rudes montées ? Admirez du moins, lors même qu'ils tombent, leur généreuse audace. Elle est noble l'ambition de l'homme qui, consultant moins ses forces que celles de la nature humaine, s'essaye à de grandes choses, fait effort et se orée en lui-même des types de grandeur que les âmes le plus virilement douées seraient impuissantes à reproduire. L'homme qui s'est dit d'avance [308] : « L'aspect de la mort ne me troublera pas plus que son nom. Je me résignerai à toutes les épreuves, si grandes qu'elles soient ; mon âme prêtera force à mon corps. Les richesses, je les dédaignerai absentes aussi bien que présentes ; ni plus triste de les voir entassées chez d'autres, ni plus fier si elles m'entourent de leur éclat. Que la fortune me vienne ou se retire, je ne m'en apercevrai pas.

Je regarderai toutes les terres comme à moi, les miennes comme à tous. Je vivrai en homme qui se sent né pour ses semblables, et je rendrai grâce à la nature d'une si belle mission. Pouvait-elle mieux pourvoir à mes intérêts ? Elle m'a donné moi seul à tous et tous à moi seul. Ce que j'aurai, quoi que ce soit, je ne le garderai pas en avare, je ne le sèmerai pas en prodigue : je ne croirai rien posséder mieux que ce que j'aurai sagement donné. Je ne compterai ni ne pèserai mes bienfaits : l'obligé seul y mettra le prix. Jamais je ne penserai aller trop, loin en obligeant qui le mérite. Je ne ferai rien pour l'opinion, je ferai tout pour ma conscience : je me figurerai avoir le public pour témoin de tout ce qu'elle me verra faire. J'aurai pour terme du manger et du boire de satisfaire les appétits naturels, non de remplir mon estomac, puis de le vider facticement. Agréable à mes amis, doux et traitable à mes ennemis, je ferai grâce avant qu'on m'implore, je préviendrai toute légitime prière. Je saurai que ma patrie c'est le monde, que les dieux y président, que sur ma tête, qu'autour de moi veillent ces juges sévères de mes actes et de mes paroles. Et, à quelque instant que la nature redemande ma vie ou que la raison me presse de partir, je m'en irai avec le témoignage d'avoir aimé la bonne conscience, les bonnes études, de n'avoir pris sur la liberté de personne, ni laissé prendre sur la mienne. »

49

XXI.

Qui se proposera d'agir ainsi, qui le voudra, qui le tentera, s'acheminera vers les dieux ; et certes, dût-il dévier, *il échouera du moins dans un noble projet* [309] . Vous autres, qui haïssez et la vertu et son adorateur, vous ne faites là rien d'étrange ; car les vues malades redoutent le soleil, et le grand jour est antipathique aux animaux nocturnes : éblouis de ses premiers rayons, ils regagnent de tous côtés leurs retraites et fuient dans d'obscures crevasses cette lumière qui les effraye. Gémissez, exercez votre langue maudite à outrager les bons ; acharnez-vous, mordez tous à la fois : vos dents se briseront sur eux bien avant qu'elles ne s'y impriment : « Pourquoi cet amant de la philosophie mène-t-il une existence si opulente ? Il dit qu'il faut mépriser l'or, et il en possède ; qu'il faut mépriser la vie, et il reste avec les vivants ; la santé, et il est très soigneux d'entretenir la sienne : il veut l'avoir la meilleure, possible. L'exil est un vain mot, selon lui ; il s'écrie : *Quel mal y a-t-il à changer de pays ?* et pourtant s'il le peut, il vieillira dans sa patrie. Il prononce qu'une existence plus ou moins longue est indifférente ; toutefois, tant que rien ne l'en empêche, il prolonge la sienne, et dans une vieillesse avancée il conserve en paix sa verdeur. »

Oui, il dit qu'on doit mépriser ces choses, non pour ne les avoir point, mais pour les avoir sans inquiétude. Il ne les repousse pas, mais si elles s'éloignent, il fait tranquillement retraite avec elles. Où la fortune déposera-t-elle ses richesses plus sûrement que chez l'homme qui les lui rendra sans murmure ? Quand M. Caton louait Curius, Coruncanius et ce siècle où l'on était coupable aux yeux du censeur pour posséder quelques lames d'argent, lui, Caton [310] , avait quarante millions de sesterces : moins sans doute que Crassus, mais plus que Caton le censeur. C'était, si l'on compare, dépasser son bisaïeul de bien plus que lui-même ne fut dépassé par Crassus ; et si de plus grands biens lui étaient échus, il ne les eût pas dédaignés. Car le sage ne se croit indigne d'aucun des dons du hasard ; non qu'il aime les richesses, mais il les préfère : ce n'est pas dans son âme, c'est dans sa maison qu'il les loge ; il n'en répudie pas la possession, mais il les domine : il n'est point fâché qu'une plus ample matière soit fournie à sa vertu.

XXII.

Eh ! qui doute que pour le sage il n'y ait plus ample matière à déployer son âme dans la richesse que dans la pauvreté ? Toute la vertu de celle-ci est de ne point plier ni s'abattre ; dans l'autre, la tempérance, la libéralité, l'esprit d'ordre, l'économie, la magnificence ont un champ vaste et libre. Le sage ne se méprisera point, quand il serait de taille exiguë ; toutefois il en voudrait une grande : avec un corps grêle, et privé d'un œil, il peut se bien porter : il aimera mieux pourtant avoir aussi la vigueur physique. Il désirera ces avantages sans oublier qu'il a en lui quelque chose de plus fort que tout cela : il saura souffrir la mauvaise santé tout en souhaitant la bonne. Car il est des choses qui, bien que n'ajoutant guère à la somme du bonheur, et pouvant disparaître sans en amener la chute, contribuent néanmoins quelque peu à cette satisfaction que la vertu perpétue, comme elle l'a fait naître. Les richesses sont au sage ce qu'est au navigateur un bon vent qui l'égaye et facilite sa course, ce qu'est un beau jour, et, par un temps brumeux et froid, une plage que réchauffe le soleil. Et après tout, quel sage, je veux dire des nôtres, pour lesquels la vertu est le seul bien, voudra nier que les objets même appelés par nous indifférents aient au fond quelque prix et que les uns soient à préférer aux autres ? Il en est dont on fait certain cas ; il en est que l'on prise fort haut. Ne nous abusons point : la richesse est de ceux qu'on doit préférer. « Pourquoi donc me railler, s'écriera quelqu'un, quand chez toi elles tiennent le même rang que chez moi ? — Veux-tu savoir combien je suis loin de leur donner ce rang ? A moi les richesses, si elles m'échappent des mains, ne m'enlèveront rien qu'elles-mêmes ; toi, atterré du coup, tu croiras te survivre et te manquer tout ensemble, si elles se retirent de toi. Chez moi les richesses ont quelque place ; elles ont chez toi la plus haute ; pour tout dire, elles m'appartiennent, toi tu leur appartiens.

XXIII.

Cesse donc d'interdire l'argent aux philosophes : personne n'a condamné la sagesse à la pauvreté. Oui, le philosophe aura d'amples richesses ; mais elles ne seront ravies à qui que ce soit, ni souillées du sang d'autrui, ni acquises au détriment de personne ou par de sordides profits ; mais elles sortiront de chez lui aussi honorablement qu'elles y seront entrées ; mais elles ne feront gémir que l'envie. Exagère-les tant que tu voudras, elles sont honorables : s'il s'y trouve bien des choses que chacun voudrait pouvoir dire siennes, on n'y voit rien dont personne puisse dire : *C'est à moi* . Lui cependant ne renverra point à la Fortune ses faveurs, et un patrimoine loyalement acquis ne lui inspirera ni orgueil ni honte. Je me trompe : il éprouvera quelque orgueil si, ouvrant sa porte et exposant sa richesse aux regards publics, il peut dire : « Que quiconque y reconnaît son bien le reprenne. » Oh ! qu'il est grand, qu'il mérite sa fortune celui dont le défi serait justifié par l'épreuve, celui qui resterait aussi riche après que devant ! Oui, s'il peut sans crainte et impunément provoquer l'inventaire de tous, si nul n'y trouve à exercer la moindre revendication, c'est hardiment et au grand jour qu'il sera riche. Si, d'un côté, pas un denier n'entre chez le sage par de mauvaises voies, de l'autre, les trésors que la Fortune lui donne ou qui sont le fruit de ses mérites ne seront pas répudiés ni exclus par lui. Ils sont chez lui en si bon lieu ! Pourquoi le leur envierait-il ? Qu'ils viennent, qu'ils y trouvent leur digne hôte. Il n'en fera ni étalage, ni mystère : le premier est d'un sot imprudent ; le second, d'un homme timide et pusillanime qui pense tenir dans sa bourse un bien inestimable. Non, encore une fois, il ne chassera pas de sa maison les richesses. Leur dirait-il : « Vous ne m'êtes bonnes à rien ; » ou : « Je ne sais pas me servir de vous ? »

Le sage, quand il pourrait cheminer à pied, aimera cependant mieux monter sur un char ; de même, s'il peut être riche, il acceptera la richesse ; il l'aura, sans doute, mais comme chose fugitive et qui doit s'envoler ; il ne souffrira qu'elle pèse ni à personne, ni à lui-même. Il donnera.... vous dressez l'oreille ? vous tendez le pan de votre robe ? Il donnera aux bons ou à ceux qu'il pourra rendre tels. Il donnera avec mûre réflexion, choisissant les plus dignes, en homme qui se souvient qu'il faut rendre compte de la dépense non moins que de la recette. Il donnera d'après des motifs justes et plausibles : car c'est une perte des plus humiliantes qu'un présent mal placé. Sa bourse, facile à s'ouvrir, ne se videra point toute seule ; si beaucoup en sort, rien n'en tombe.

XXIV.

On se trompe si l'on croit que donner soit une chose facile [311] . Elle présente beaucoup de difficulté pour qui du moins donne avec réflexion, sans semer au hasard et par boutade. Ici j'oblige sans rien devoir, là je m'acquitte ; j'accours à la voix du malheur ou poussé par la seule pitié ; je relève un homme qui ne mérite pas que la pauvreté le dégrade et le retienne dans, ses entraves ; je refuse à d'autres, bien qu'ils aient besoin, parce que lors même que j'aurais donné, ils seront toujours dans le dénuement. Tantôt j'offrirai simplement, tantôt j'userai d'une sorte de contrainte. Puis-je montrer ici de la négligence, moi qui ne place jamais mieux que lorsque je donne [312] ? « Quoi ! tu ne donnes que pour recouvrer ? » Dites mieux : pour ne pas perdre. Tel doit être le placement de nos dons, que nous n'ayons pas droit de réclamer, mais qu'on puisse nous tendre. Qu'il en soit du bienfait comme d'un trésor profondément enfoui que l'on n'exhume qu'en cas de nécessité. Et la maison même du riche, quelle large sphère n'ouvre-t-elle pas à sa bienfaisance ! Car qui oserait n'appeler la libéralité que sur des hommes libres ? Faites du bien aux hommes, nous dit la nature ; esclaves ou libres, ingénus ou affranchis, affranchis devant le préteur ou devant nos amis, il n'importe : partout où il y a un homme, il y a place pour le bienfait. Le sage peut donc aussi répandre l'argent dans son particulier et y pratiquer la libéralité, vertu ainsi appelée non qu'elle se doive aux hommes libres seuls, mais parce qu'elle part d'un cœur libre. Les bienfaits du sage ne se jettent jamais à des hommes flétris et indignes, comme aussi jamais ne s'épuisent et ne s'éparpillent tellement, qu'à l'aspect de qui les mérite ils ne puissent plus couler à pleine source. N'allez donc pas interpréter à faux ce que disent de moral, de courageux, de magnanime les aspirants de la sagesse ; et d'abord, prenez-y bien garde : autre est l'aspirant, autre est l'adepte de la sagesse. Le premier vous dira : « Je parle vertu ; mais je me débats encore au milieu d'une foule de vices. Ne me jugez pas sur la loi que je formule : en ce moment même je travaille à me faire, à me former, à m'élever à mon idéal immense. Quand j'aurai atteint complètement mon but, vous pourrez exiger que mes œuvres répondent à mon langage. »

Mais l'homme arrivé au bien suprême plaidera autrement sa cause, et dira : « D'abord il ne vous appartient pas de vous porter juges de ceux qui valent mieux que vous : pour moi déjà, preuve que je tiens le droit chemin, j'ai le bonheur de déplaire aux méchants. Mais je veux bien vous rendre un compte que je ne refuse à aucun mortel ; écoutez ma profession de foi et quel cas je fais de toute chose. Je nie que les richesses soient un bien ; autrement, elles rendraient l'homme bon ; jusqu'ici, ce qu'on rencontre chez les méchants ne pouvant s'appeler bien, je refuse ce nom aux richesses ; du reste qu'elles soient permises, utiles et d'une grande commodité dans la vie, je le confesse.

XXV.

« Pourquoi est-ce donc que je ne les compte pas au nombre des biens, et que fais-je avec elles de mieux que vous, quand nous convenons, vous et moi, qu'on peut les avoir ? Le voici : placez-moi dans la plus opulente maison, en un lieu où l'or et l'argent soient de l'usage le plus commun, je ne m'enorgueillirai pas de ces choses qui, bien qu'étant chez moi, n'en seront pas moins hors de moi. Transportez-moi sur le pont Sublicius [313] , jetez-moi parmi les nécessiteux : je ne me mépriserai pas pour me voir assis aux côtés de ceux qui tendent la main vers l'aumône. Car qu'importe qu'on manque d'un morceau de pain, quand le pouvoir de mourir ne manque pas ? Que dirai-je pourtant ? Que cette maison opulente je la préfère au pont Sublicius. Entourez-moi d'un attirail splendide et des recherches de la mollesse, je ne m'en croirai nullement plus heureux pour avoir un manteau moelleux et dans mes festins la pourpre pour lit, tout comme je ne serai en rien plus à plaindre, si je n'ai qu'une poignée de foin pour reposer ma tête fatiguée, et pour dormir qu'un paillasson du cirque [314] dont la bourre s'échappe par les reprises d'une vieille toile. Que dirai-je encore ? Que j'aime mieux montrer ma valeur morale sous la prétexte ou la chlamyde que les épaules nues ou à demi couvertes. Que tous mes jours s'écoulent à souhait, que des félicitations nouvelles s'enchaînent aux précédentes félicitations, je ne m'en ferai pas accroire pour cela. Changez en rigueur cette indulgence du sort : que de toutes parts mon âme ait à subir des pertes, des chagrins, les assauts de tout genre ; que chaque heure m'apporte son sujet de plainte, non, au milieu des plus grandes misères je ne me dirai pas misérable ; non, je ne maudirai aucun de mes jours : j'ai pourvu à ce qu'il n'y en ait point de néfaste pour moi. Que vous dirai-je pourtant ? que j'aimerais mieux avoir à tempérer mes joies qu'à maîtriser mes douleurs. Voici ce que vous dira le grand Socrate : « Faites-moi vainqueur de toutes les nations ; que le voluptueux char de Bacchus me promène triomphant jusqu'à Thèbes depuis les lieux où naît le jour ; que les rois perses me demandent mes lois, je ne me souviendrai jamais mieux que je suis homme qu'à ce moment où toutes les voix me salueront dieu. De ce faîte de gloire précipitez-moi par un brusque retour sur le brancard ennemi pour orner la pompe d'un triomphateur cruel et superbe, on ne me traînera pas plus humilié sous son char que quand j'étais debout sur le mien [315] . » Que vous dirai-je pourtant ? J'aimerais mieux être vainqueur que captif. Tout le domaine de la Fortune, je le dédaignerai ; mais de ce domaine, si on me donne le choix, je prendrai ce qu'il a de plus doux. Tout ce qui m'adviendra se transformera en bien ; mais je préfère des éléments plus faciles, plus agréables, moins rudes à mettre en œuvre. Car ne croyez pas qu'aucune vertu soit exempte de travail : seulement les unes ont besoin d'aiguillon, comme les autres de frein. De même que sur une descente il faut au corps une force qui la retienne, et, pour monter, une impulsion ; ainsi certaines vertus suivent un plan incliné, d'autres gravissent laborieusement. Doutez-vous qu'il y ait ascension, effort, lutte opiniâtre dans la patience ; le courage, la persévérance, dans toute vertu qui fait face aux dures épreuves de la vie et qui dompte le sort ? Et, d'autre part, n'est-il pas manifeste que la libéralité, la modération, la mansuétude ne font qu'aller sur une pente ? Là nous retenons notre âme qui pourrait glisser trop avant : ailleurs nous l'exhortons, nous la stimulons. Ainsi nous emploierons en présence de la pauvreté les plus énergiques vertus, celles chez qui les attaques augmentent le courage ; et nous réserverons à la richesse les plus soigneuses, qui vont d'un pas circonspect et savent tenir leur équilibre.

XXVI.

« Cette distinction ainsi faite, je préférerai pour mon usage celles dont l'exercice est plus paisible à celles dont l'essai veut du sang et des sueurs. Ce n'est donc pas moi, dira le sage, qui vis autrement que je ne parle ; c'est vous qui entendez autrement. Le son des paroles frappe seul votre oreille ; leur sens, vous ne le cherchez pas. « Quelle est donc la différence entre moi le fou et vous le sage, si vous comme moi nous voulons posséder ? » Elle est très grande. Chez le sage, la richesse est esclave ; chez l'insensé, elle est souveraine ; le sage ne permet rien à la richesse, et elle vous permet tout. Vous, comme si l'on vous en eût garanti l'éternelle possession, vous vous y affectionnez, vous faites corps avec elles : le sage au contraire ne pense jamais tant à la pauvreté que quand il nage dans l'opulence. Un bon général ne croit jamais tellement à la paix qu'il ne se prépare à la guerre ; et cette guerre, bien qu'elle ne se fasse pas encore, vous est déclarée. Vous êtes fiers d'une maison magnifique, comme si elle ne pouvait ni prendre feu ni s'écrouler. Vos yeux s'éblouissent de votre fortune inaccoutumée, comme si elle avait franchi tout écueil, désormais assez colossale pour que toutes les attaques du sort fussent impuissantes à la ruiner. Vous jouez indolemment avec les richesses, vous n'en prévoyez pas le péril ; ainsi d'ordinaire les barbares qu'on assiège, ne connaissant pas nos machines, gardent les travaux des assaillants sans bouger et ne comprennent pas à quoi tendent ces ouvrages qui s'élèvent si loin d'eux. La même chose vous arrive : engourdis au milieu de votre avoir, vous ne songez pas combien d'accidents de toutes parts vous menacent qui tout à l'heure vous raviront ces précieuses dépouilles. Ôtez au sage les richesses [316] , tous ses vrais biens lui resteront ; car il vit satisfait du présent, tranquille sur l'avenir. « Il n'est rien, dira Socrate ou quiconque pourra juger les « choses humaines avec la même autorité, il n'est rien que je me sois autant promis que de ne pas plier à vos préjugés la conduite de ma vie. Ramassez de tous côtés contre moi vos propos ordinaires, je ne prendrai pas cela pour des injures, mais pour de misérables vagissements d'enfants. »

« Ainsi parlera l'homme en possession de la sagesse, l'homme auquel une âme exempte de tout vice fait une loi de gourmander les autres, non qu'il les haïsse, mais pour les guérir. Il ajoutera encore : « Votre opinion m'inquiète non pour mon compte, mais pour le vôtre : haïr et harceler la vertu, c'est abjurer l'espoir de revenir au bien. Vous ne me faites à moi aucun tort, pas plus qu'aux dieux ceux qui renversent leurs autels ; mais l'intention mauvaise est manifeste, et le dessein est coupable lors même qu'il n'a pu nuire. Je supporte vos hallucinations comme le grand Jupiter souffre dans sa bonté les impertinences des poètes qui l'ont affublé, celui-ci d'un plumage, celui-là de cornes ; qui l'ont représenté adultère et découchant ; qui en ont fait un maître cruel envers les dieux, injuste envers les hommes, ravisseur et corrupteur de nobles adolescents, de ses proches même, enfin parricide et usurpateur du trône de son roi, de son père. Tout cela n'allait à autre chose qu'à ôter aux hommes la honte de mal faire, s'ils avaient cru que les dieux fussent ainsi [317] . »

« Mais si vos propos ne me blessent en rien, toutefois, c'est pour l'amour de vous que je vous avertis, respectez la vertu. Croyez-en ceux qui l'ont suivie longtemps, et qui vous crient qu'ils suivent en elle quelque chose de grand, quelque chose qui de jour en jour leur apparaît plus grand encore. Honorez-la, elle comme les dieux, et ceux qui la prêchent comme ses pontifes : et à chaque souvenir des livres sacrés que par moments on invoquera, *prêtes un silence favorable* . » Cette formule n'indique pas, comme le croit la foule, une faveur qu'on réclame ; mais on commande le silence pour que les saintes pratiques puissent s'achever dans l'ordre prescrit sans que nulle voix profane les vienne troubler.

XXVII.

Il est bien plus essentiel encore de vous commander ce silence, pour qu'à chaque oracle énoncé par elle vous écoutiez avec l'attention la plus recueillie. Qu'un imposteur par état s'en vienne agitant son sistre [318] ; qu'un homme, habile à se taillader les membres, ensanglante d'une main légère ses bras et ses épaules [319] ; qu'un autre hurle en rampant sur ses genoux dans les rues, ou qu'un vieillard en robe de lin [320] , tenant une branche de laurier et une lanterne en plein jour, crie de toute sa force que quelque Dieu est irrité, vous accourez tous, vous êtes tout oreilles : il est inspiré, affirmez-vous ; et de l'ébahissement des uns s'augmente l'ébahissement des autres. Mais voici Socrate, qui de cette prison purifiée par sa présence et devenue plus respectable que pas un sénat, vous adresse ce langage : « Quelle est cette frénésie ? quelle est cette nature ennemie des dieux et des hommes, qui vous fait diffamer les vertus, et dans vos propos malfaisants violer les choses saintes ? Si vous le pouvez, louez les bons ; sinon, passez outre. Que s'il vous plaît de donner cours à votre odieuse licence, ruez-vous les uns contre les autres. Lorsqu'en effet votre folie s'attaque au ciel même, je ne dis pas que vous faites un sacrilège, mais vous perdez votre peine. Moi, j'ai fourni jadis matière aux bouffonneries d'Aristophane ; toute cette poignée de poètes burlesques a vomi contre moi ses sarcasmes envenimés [321] . Ma vertu a dû son plus beau lustre aux atteintes qu'on lui portait : car le grand jour et les persécutions la servent, et nul n'apprécie mieux tout ce qu'elle vaut que ceux qui ont éprouvé ses forces en la provoquant. La dureté du caillou ne se fait bien connaître qu'à ceux qui le frappent. Je me livre à vos coups comme un rocher isolé sur une mer houleuse : les flots quelque vent qui les pousse, le battent incessamment sans pour cela l'ébranler de sa base ni, malgré tant de siècles et des attaques perpétuelles, le détruire. Attaquez-moi, donnez l'assaut : c'est en vous supportant que je triompherai. Contre une force insurmontable toute agression, si vive qu'elle soit, ne fait tort qu'à elle-même. Cherchez donc quelque matière plus molle, plus prompte à céder, où puissent s'enfoncer vos traits. Avez-vous bien loisir de scruter les faibles d'autrui, de vous faire juges de qui que ce soit ? « Pourquoi ce philosophe est-il si largement logé ? Pourquoi ce sage a-t-il si bonne table ? » Vous prenez garde aux pustules d'autrui, vous, sillonnés de tant d'ulcères. C'est comme qui rirait des taches rares d'un beau, corps ou des moindres verrues, quand une lèpre hideuse le dévorerait lui-même. Reprochez à Platon d'avoir demandé de l'argent, à Aristote d'en avoir reçu, à Démocrite de s'en être peu soucié, à Épicure de l'avoir dissipé, reprochez-moi sans cesse Alcibiade et Phèdre. O trop heureuse la vie dont vous jouirez le jour où il vous sera donné d'imiter nos vices ! Que ne tournez-vous plutôt votre clairvoyance sur ces mauvaises passions qui de tous côtés vous poignardent, les unes vous assaillant du dehors, les autres consumant jusqu'à vos entrailles ? Non, les choses humaines n'en sont pas à ce point que, malgré l'ignorance où vous êtes de votre situation, vous ayez du loisir assez pour exercer vos langues à insulter qui vaut mieux que vous.

XXVIII.

« Voilà ce que vous ne comprenez pas ; vous portez un visage malséant à votre fortune, comme tant d'autres, tranquillement assis au cirque ou au théâtre, quand déjà leur maison est en deuil d'une catastrophe qu'ils ne connaissent point. Moi qui d'en haut vois plus loin que vous, j'aperçois les orages qui grossissent sur vos têtes pour éclater un peu plus tard, ou qui, déjà proches et imminents, vont vous balayer vous et vos biens. Et que dis-je ? à présent même, bien qu'à peine vous le sentiez, une sorte de tourbillon roule et enveloppe vos âmes tour à tour détachées et rapprochées des mêmes objets : tantôt il vous élève jusqu'aux nues, tantôt-vous précipite et vous brise au fond des abîmes... »

Le reste manque.

FIN
DE LA VIE HEUREUSE

www.ingramcontent.com/pod-product-compliance
Lightning Source LLC
Chambersburg PA
CBHW051351150726

48000CB00003B/1141